Y0-EIJ-876

ard
SIN FLORES NI CORONAS

BIBLIOTECA PORTÁTIL, 22

Odette Elina

SIN FLORES NI CORONAS

Auschwitz-Birkenau, 1944-1945

DIBUJOS DE ODETTE ELINA

POSTFACIO DE SILVIE JEDYNEK
CON LA COLABORACIÓN DE VINCENT LACOSTE

TRADUCCIÓN DE LUIS EDUARDO RIVERA

Editorial PERIFÉRICA

PRIMERA EDICIÓN: abril de 2008
TÍTULO ORIGINAL: *Sans fleurs ni couronnes*
Esta obra se ha beneficiado del P.A.P. GARCÍA LORCA,
Programa de Publicación del Servicio Cultural de la
Embajada de Francia en España y del Ministerio francés
de Asuntos Exteriores.

World copyright © Mille et une nuit,
departement de la Libraire Artheme Fayard, 2005
© de la traducción, Luis Eduardo Rivera, 2008
© de esta edición, Editorial Periférica, 2008
Apartado de Correos 293. Cáceres 10001
info@editorialperiferica.com
www.editorialperiferica.com

ISBN: 978-84-936232-3-4
DEPÓSITO LEGAL: CC-50-2008
IMPRESIÓN: Tomás Rodríguez, Cáceres
ENCUADERNACIÓN: Preimex, Mérida
IMPRESO EN ESPAÑA – PRINTED IN SPAIN

El editor autoriza la reproducción de esta obra, total
o parcialmente, por cualquier medio, actual o futuro, siempre
y cuando sea para uso personal y no con fines comerciales.

PALABRAS PRELIMINARES

Cuando volví de Auschwitz, en 1945, sentía con tal intensidad lo que acababa de vivir que me resultaba imposible guardarlo sólo para mí. Lo consigné en las notas y dibujos que constituyen *Sin flores ni coronas*.

No me arrepiento de haber escrito estas notas al volver del campo de concentración, pues, a la larga, los recuerdos se deforman, se edulcoran o se dramatizan, y se alejan siempre de la verdad.

La primera edición, de pocos ejemplares, se agotó hace mucho. León Moussinac escribió en su prefacio: «Aunque los hornos crematorios están materialmente destruidos, su humo aún oscurece el cielo del mundo...». Fue en 1947.

Puesto que hoy el nazismo —que, en realidad, nunca ha dejado de existir— intenta imponerse por medio de la violencia y el crimen, creo que es mi deber reeditar este testimonio sin cambiar nada.

Sin embargo, no quisiera provocar confusión. A pesar de la amargura de mis palabras al describir, sin complacencia, las reacciones humanas, nunca relaté el comportamiento de un detenido en función de su origen o su nacionalidad. Cuando llegué a Auschwitz, algunas mujeres ya estaban allí desde hacía años. Con el paso del tiempo, comprendo mejor que la furiosa necesidad de sobrevivir haya podido convertir en malvados y en animales de rapiña a algunos seres humanos. No es en estos últimos sobre quienes recae mi relato, sino en aquellos que les condujeron a tal estado. Al contrario, cuando revivo los raros momentos de felicidad que me proporcionaron mis compañeros de miserias, y recuerdo al pequeño Olek, sé que, en definitiva, son ellos los que pesan más en la balanza de mis recuerdos.

Dedico esta nueva edición a los que aún no habían nacido en 1945. Que este testimonio pueda despertar en ellos el horror al nazismo, pero también la esperanza en el porvenir del hombre.

ODETTE ELINA
(*noviembre de 1981*)

En los confines de Polonia hay un infierno cuyo nombre silba una horrible canción.

Louis Aragon, *El Museo Grévin*

LA LLEGADA

Al bajar del vagón hubo una selección estricta.

De las aproximadamente mil quinientas mujeres que formaban parte de nuestro convoy, sólo noventa y nueve llegaron vivas al Campo.

Nos despojaron de todo.

Nos vimos desnudas, tatuadas, rapadas. Brutalmente.

Apenas teníamos conciencia de estar aún con vida.

Una parte de la noche la pasamos esperando, sin saber qué, en las duchas.

Las polacas nos molieron a golpes. Así, de buenas a primeras, sin duda para meternos de inmediato en el ambiente del Campo, o como una manera de enseñarnos a vivir.

Luego nos hicieron pasar bajo la ducha. Sin jabón ni toalla.

Nos dejaron el resto de la noche de pie, desnudas, en una estancia con ventanas sin cristales.

Al amanecer, nos entregaron algunas ropas de hombre, desgarradas, manchadas ignominiosamente, llenas de agujeros, y viejas cazadoras que habían pertenecido a prisioneros rusos. Aquellas vestimentas heroicas habían hecho ya un buen servicio. Estaban gastadas, raídas, tenían un aspecto lamentable. Algunas conservaban todavía, aquí y allá, un botón con la hoz y el martillo.

Como calzado, unos increíbles zapatones, desparejados siempre, casi sin suelas, con grandes agujeros, generalmente un zapato de hombre y otro de mujer; por supuesto, jamás del mismo número.

No podía dejar de encontrar siniestramente cómica aquella variedad.

Antes de enviarnos al *Block*[1] nos pintaron unas grandes cruces rojas en la espalda.

LA ORQUESTA

Impresionaba, al llegar al Campo, el tamborileo de la orquesta.

Al principio de lejos, en sordina, luego más cerca. Uno hubiera creído que se trataba de una tribu africana.

Ahora, regreso de *Kommando,* mientras pasamos frente a la orquesta, levantando la pierna izquierda a un mismo tiempo, parecemos marionetas terriblemente gastadas.

Es como una gran feria de ganado humano. Interminables filas de mujeres rendidas que marchan como autómatas, siempre marcando el paso: «Links, links».[2]

Con nuestras grandes cruces rojas en la espalda parecemos unos pobres cruzados.

Los primeros días, cuando nos hicieron acarrear piedras, me pareció haber renovado el antiguo gesto del esclavo, en la época de los faraones.

No satisfechos con habernos despojado de la libertad al mismo tiempo que de nuestra ropa, las bestias quieren arrebatarnos lo que nos resta de dignidad, quieren dejar en nosotros sólo nuestros instintos animales.

El Campo, ese espacio muerto donde jamás había felicidad.

La deportación nos ha convertido en seres apagados. Estamos invadidos por una inmensa y monótona tristeza.

Estamos impregnados de tristeza y de monotonía como la esponja está impregnada de agua: a su pesar. Y, todo el tiempo, esta sensación de lo perpetuo.

¿Hay algo más triste que un ser sin la más absoluta esperanza?

Estábamos separados del resto del universo.

Parecíamos muertos ya.

Tardamos algún tiempo en tener deseos de pensar en el pasado.

Resulta difícil pensar en alguien cuando no sabemos dónde se encuentra.

¿Y quién de nosotras podría estar segura de lo que era?

Conservaba intacta toda mi capacidad de emoción. Lo que me producía a veces una sensación de riqueza. De hecho, no poseía nada, y aquella riqueza era totalmente interior: veía las cosas y la gente, la muerte y la miseria, con extraordinario desapego.

Era un viajero sin posibilidad de retorno.

Anoche, la pequeña Dora cantó y sentí que mi rostro se humedecía.

Aquí, sólo los cielos nos parecen hermosos, pues únicamente ellos saben ser trágicos con grandeza.

LA DUCHA

Aquellas mujeres, que habían alcanzado un grado de delgadez inconcebible, deformadas por el edema del hambre, con sus carnes fláccidas y sus cabezas rapadas, habían perdido todo carácter femenino.

Mirando aquel rebaño de mujeres desnudas no podía dejar de pensar en las «mujeres condenadas» de Baudelaire.

UN DOMINGO DE MAYO

Esta mañana vinieron a buscar a cien mujeres a nuestro *Block*...

Como siempre, en casos similares, no sabíamos si nos conducirían al horno, al control de piojos o a otro *Lager*.[3]

Sería un día mucho más triste de lo que habíamos previsto. Debíamos conducir hasta Auschwitz cien carritos de bebé.

Los había de todo tipo. Grandes, bajos, viejos, modernos, bonitos, pobres. Pero aún guardaban la tibieza de los bebés que habían cobijado y que acababan de ser quemados.

Las almohadas conservaban la forma de sus pequeños cráneos. Aquí y allá colgaba un gorro, una manta bordada, un babero.

Para hacer aquel trayecto habían elegido a cien mujeres.

Cien mujeres que eran madres o que hubieran podido serlo.

Cien mujeres cuya razón de vida hubiera podido ser la maternidad.

Cien mujeres temblaron de horror al contacto con algo que es suave, siempre, por encima de todas las cosas.

Cien mujeres tocaron el fondo del desamparo y de la desesperación.

EL *REVIER*[4]

Durante muchos días permanecí postrada en el hospital, con el techo frente a mí. O mejor dicho: el tejado inclinado, construido con una mezcla de paja y cal.

Entonces, daba libre curso a mi imaginación. Dejaba de ser aquel encalado.

Veía a un ejército en marcha, bien provisto de lanzas y picas, un tropel de caballos enjaezados, como en las pinturas de Massaccio.

Siempre encontraba algo heroico en que pensar.

Hoy pude salir del *Revier* para ir a escuchar a la orquesta.

El concierto no era bueno, pero la música, cualquiera que sea, es desgarradora cuando se eleva en un campo de muerte, en medio de gente que ya está casi muerta.

Qué asombroso fresco constituían aquellas mujeres estáticas, especie de madonas demacradas por el sufrimiento, con sus pobres rostros y sus miembros descarnados bajo las mantas.

Qué magníficos tonos dentro de aquellos pliegues barnizados con mugre y miseria, parecidos a los trágicos ropajes pintados por El Greco.

AGOSTO DEL 44

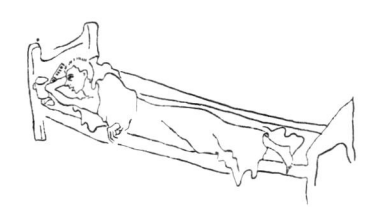

Denise L. va a morir. Delira desde ayer. Estoy abatida. Me inclino sobre su jergón intentando recoger su último suspiro.

Se vuelve hacia mí, su rostro se ilumina, y alza el dedo como para hacerme escuchar la música de los ángeles. Luego murmura, como en secreto: «Escucha, escucha el canto de los pájaros. Es la señal de la Resistencia».

La pequeña alemana Lise-Lotte se está muriendo. Deliró durante toda la noche.

Ese largo y monótono murmullo nos vuelve, literalmente, locas.

Al final, resulta insoportable. Una de las enfermas se levanta y le tapa la boca con la mano.

Murió esta mañana.

Cuando alguna de nosotras moría, las demás se precipitaban, como una bandada de cuervos, a disputarse la infeliz herencia.

Tanta rapacidad desatada por unos miserables trapos, por un trozo de pan blanco o un simple diente de ajo.

Nos han dejado salir durante algunos minutos del *Revier* para respirar un poco. No muy lejos, a la puerta del *Block*.

De repente, me arrojo como una loca sobre una manchita roja en el suelo. Creí que era un trozo de zanahoria. Pero me equivoqué, era tan sólo un pedazo de ladrillo.

Tengo tanta hambre que me levanto a buscar mondaduras de patata en el cubo de los desperdicios.

La doctora M. nos dio su combinación de satén puro para que le hiciéramos una mortaja. Furtivamente, me guardé algunos jirones.

Acaricio durante largo rato la seda contra mi mejilla. ¿Así que aún existe más allá de mis sueños algo dulce, puro y sedoso sobre lo que a una le gustaría posar la cabeza?

Muchas veces me ha sorprendido ver hasta qué punto el hecho de estar allí lograba que la gente perdiera el sentido del humor.

Nuestro deseo de regresar a casa aumenta en razón inversamente proporcional a nuestras posibilidades.

Aquella infeliz tenía los pechos pequeños. Se habían vueltos transparentes como bolsas vacías.

Creo que la droga que los alemanes nos ponían en la sopa no tenía efecto alguno sobre mí, porque seguí en posesión de toda mi memoria.
Era algo a la vez grato y penoso.
Nunca trataba de imaginar que mis padres estaban vivos y esperaban mi regreso. Simplemente, su recuerdo estaba en mí.

Yo revivía mi vida junto a ellos, o, más bien, algunos momentos, hasta en los detalles más insignificantes. Era tan intensa su presencia que me parecía perfectamente real.

Volvía a ver las hermosas manos de mamá, tan blancas y suaves.

Aquellas manos, como un gran pájaro de dulzura, se me habían vuelto una obsesión.

En mis sueños, cuando dormía, y mientras soñaba despierta, las veía agitarse frente a mí, acariciarme la cabeza. Yo deseaba, más que nada en el mundo, poder besárselas.

Aunque durante largos años viví en París antes de instalarnos en el campo, mis pensamientos giraban siempre, y casi exclusivamente, en torno a éste.

Rehacía, hasta en el menor detalle, mis largas caminatas: sentía la tierra, caliente por el sol del verano, el olor de los pinos, las manchas de las moras recogidas por el camino en mis dedos, escuchaba el viento en lo alto de los álamos.

El pequeño olmo enclenque, cuyas hojas veía

desde la puerta del hospital, marcaba el punto de partida de mis viajes.

Entonces, era Saint-Anne, cuando el sol se ponía detrás de las montañas; el banco donde, muy bíblica, se sentaba mi familia por la tarde; las mañanas inmaculadas en las que nos sentimos puros, honestos y ligeros; el fuerte olor de los caballos, que nos picaba en la nariz, y el grito del labriego, que desde el amanecer iba y venía, trabajando en los campos.

Lo hubiera dado todo, aunque ya no me quedaba nada, por estar con mi hermano en aquel pequeño carrito tirado por la yegua bastarda, por sentarme en el borde de los caminos, por aspirar la hierba fresca y saludar a los campesinos que pasaran.

Pero todo aquello estaba muerto, muerto, muerto.

Los barracones del hospital en el *Lager* A estaban cerca de la vía del tren.

Día y noche escuchábamos el ir y venir de los trenes. Sabíamos que eran convoyes de prisioneros los que llegaban: miles de seres condenados a los hornos crematorios o a la vida del Campo, lo que, a nuestro juicio, no era un destino mejor.

O presos de nuestro Campo a los que transportaban a otras regiones.

En ocasiones no pensaba en nada de todo aquello.

El silbido de trenes en la noche significaba para mí el trenecillo de carga, el vagón de mercancías donde nos sentábamos con las piernas colgando, mientras mordíamos una manzana robada; el paso a nivel en el que el guardabarrera agitaba su bandera roja; la parada en una pequeña estación, donde la gente hablaba con voz áspera nuestra lengua.

Algunos soñaban con pasteles, yo lo hacía con cosas simples pero igualmente inaccesibles.

Cuando el sol del mediodía caía, implacable, sobre el techo del *Revier*, yo veía una taberna del Mediodía francés, sólo eso: una pequeña taberna, con su larga mesa cubierta con un hule y su cortina de cuentas en la puerta, con su papel matamoscas balanceándose y el honesto vinito blanco que la camarera trae mientras bosteza.

EL JERSEY

Al salir del hospital conseguimos recostarnos sobre un montón de piedras para dormir.

Mientras desplazaba un ladrillo que se me incrustaba en las costillas, mi mano tocó un pedazo de lana. Al tirar de él percibí algo parecido a una manga; aparté febrilmente otros ladrillos y descubrí un tesoro: un jersey de lana azul.

Era suave, fino, sin un solo agujero, sin el menor resto de liendres. Y, oh maravilla, estaba perfumado.

Milagrosamente, había dado con el escondite de una de las reinas del campo, una de las escogidas, que no sólo tenía el gracioso privilegio de no tener frío, sino, además, el de no apestar.

En menos de lo que tardo en contarlo, escondí bajo el vestido mi descubrimiento, camuflándolo cuidadosamente en lo que me servía como braga. No me duró mucho la emoción.

Al día siguiente me enviaron a la *Wiberei*,⁵ adonde había sido destinada.

Al quitarme las bragas en público, como en las letrinas, una mujer descubrió el jersey enrollado alrededor de mi piel.

«¿Cómo te atreves a llevar un jersey? Dámelo ahora mismo.»

Llamó a sus compinches. Aquellas mujeres, algunas de ellas francesas, me acorralaron:

«¿Por qué —aulló una— he de morirme yo de frío mientras que otra tiene el descaro de andar abrigada? Dame ese jersey inmediatamente o te acusamos ante la *Kapo*.»

No podía creer semejante ignominia, pero una de ellas, que había salido del barracón, volvía ya con la *Lagerkapo*.

Para mí significaba el *Straffenkommando* o la paliza.

La *Lagerkapo* se detuvo frente a mí y pronunció una sola palabra: «Pull-over».

Se lo entregué sin discutir, aguardando lo peor.

Entonces, aquella mujer, más humana que mis propias compañeras, tomó la prenda y se alejó.

Nunca sabré si le debo su clemencia a la propia cobardía de la denuncia o al esquelético aspecto de mis temblorosos hombros.

LA *WIBEREI*

Somos unas mil trescientas mujeres las que partimos cada mañana hacia la *Wiberei*.

Agrupadas por centenas y, como siempre, de cinco en cinco.

Aquí todo ocurre de cinco en cinco.

Creo que cuando nos lleven al crematorio será igualmente de cinco en cinco. Con o sin orquesta.

Estoy tan llena de tiritas que la *Blockova*[6] me esconde cuidadosamente en medio de la fila por temor a que, al pasar por la «puerta», ofenda la vista de los señores alemanes.

Hoy había una vacante en el centenar de polacas arias, ese «cuerpo selecto». Me enviaron como *Ersatz*.[7]

La *Kapo* me rechazó con una mueca de asco: «No quiero musulmanas[8] en mi grupo».

Por supuesto, yo tenía muy pocas carnes como para resultar de su agrado.

Tenemos veinte minutos para tomar la sopa afuera, de pie, alineadas de cinco en cinco.

A la menor falta, todo el *Block* es condenado a hacer de rodillas esta pequeña ceremonia.

Para tener herramientas con las que trabajar una tiene que pelearse.

Sin pelea, no hay herramientas.

Sin herramientas, resulta imposible que una pueda hacer los metros que se le exigen.

Sin ese mínimo, una es azotada.

Por desgracia, nunca supe pelear.

Me envían al *schwartz Material*. Es un trabajo de castigo.

Pero en el «Material negro» hay buena gente. Todos los que no están de acuerdo con los SS y lo demuestran.

Lo más molesto es que el condenado alquitrán

se te pega, se te pega y te invade hasta la raíz del pelo. A falta de algo mejor hay que echar mano de nuestra pobre margarina para limpiarnos.

Conocemos bien a la «Führerkapo» de la *Wiberei*.

Un verdadero tonel disfrazado de soldado alemán. Está tan llena de sebo que cuando camina se le mueve todo. Se diría que está repleta de harina.

Sobre su gordo y majestuoso trasero se balancea, ridículo, un pequeño revólver.

Para circular por el Campo, utiliza, como todos los alemanes, una de las antiquísimas bicicletas.

Son vetustas bicicletas con grandes ruedas y manillares muy altos y curvados, como se hacían hace treinta años.

Al llegar al *Lager* B, antes del toque de queda, Lily y yo tratamos de lavarnos las manos en el *Waschraum*.[9] Por desgracia, la *Lagerälteste* nos vio.

Se lanzó sobre mí a bastonazos.

No me pude servir del brazo izquierdo durante varios días.

Una húngara a la que veía por primera vez me regaló un jabón extraordinario. Lo guardé cuidadosamente bajo mi vestido, en una bolsita confeccionada a tal efecto.

Esta mañana me di el lujo de utilizarlo.

Para quitarme la camisa, puse el jabón delante de mí.

Cuando quise darme cuenta el jabón había desaparecido.

¿Cómo conseguimos cargar con nuestros delgados brazos las pesadas marmitas de sopa hirviendo?

¿Por qué esa presa polaca tiró al barro con tanta maldad las preciosas raciones de pan que yo llevaba entre mis brazos?

Me habría gustado «comprar» una manzana. Pero hasta la más pequeña costaba dos raciones de pan.

Resulta curioso ver cómo Suzanne, la grandota, siente necesidad de contar a todo el mundo cómo era su vida privada. Casi sin conocerte, te bombardea a quemarropa con los detalles más íntimos.

Sin ningún pudor. En un tris te enteras de cuántos amantes tuvo.

Incluso aquí, la vanidad manda.

Se empeñan en que sepas lo que fueron para que las tomes en consideración, según el nivel de su ocupación o de su fortuna.

Yo no encontraba, como otras, ningún placer en imitar la verdadera vida.

Para mí, aquello era un «paso», y nunca creí realmente que fuese otra cosa.

JULIO

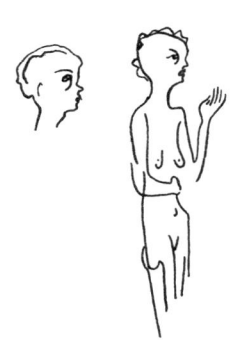

EL PAÑUELO

Desde hacía meses soñaba con tener un pañuelo.

Algo que no fuera un harapo ajado y pasado apresuradamente por el agua fría.

Gracias a mi enfermedad, pude darme ese lujo. No podía comerme mi ración de pan, así que cambié dos porciones a cambio de un gran pañuelo de batista.

Me parece un pañuelo magnífico, del color rojo pardo de las velas marinas, con un gran cuadrado verde en el centro.

Emplearé trucos de apache para conservarlo. Si consigo regresar, será el símbolo de mi tenacidad.

SEPTIEMBRE

En septiembre conseguí una chaquetilla negra que se ajustaba perfectamente.

Con mis calcetas verdes y mis botines afilados me bautizaron *La dandy de Birkenau*.

Esta noche, cuando iba a buscar un poco de agua fresca, escuché a unas chicas rusas cantar a coro.

Caía el sol. Era tan hermoso que me sentí vibrar como si no estuviera presa.

Llamo a la muerte porque tengo frío, porque el mundo nos olvida y más vale terminar pronto.

Aquella noche de septiembre tuve que salir del *Block*.

La luminosidad del cielo era extraordinaria.

El Campo, dormido, parecía habitado por un claro y gran silencio.

Allá arriba no había muros.

Podía comunicarme con cada planeta.

Ya no era una prisionera.

Aquí abajo, a mi alrededor, aquel gran espacio muerto.

Entonces, una vieja salió del *Block* apoyada en una muleta.

Apenas podía ponerse en cuclillas. La vi aliviarse casi de pie, enarbolando su muleta como un personaje del Apocalipsis, dibujándose contra la luna como una sombra chinesca.

Algo más lejos, grandes llamas subían hacia el cielo desde las chimeneas.

Era una noche pura de septiembre.

Los crematorios estaban cargados hasta reventar de combustible humano.

Si fuera razonable, no debería mantener la esperanza de sobrevivir, pero una especie de presentimiento, contra toda razón, me hace esperar.

NOVIEMBRE DEL 44

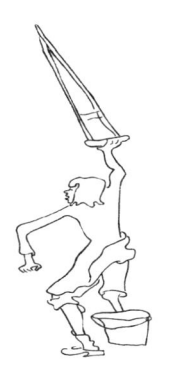

KOMMANDO 313, BLOCK 29

Cada día tenemos que hacer doce kilómetros por el lodo para llegar a nuestro trabajo.

Doce kilómetros de barro pegajoso por un terreno irregular sembrado de trampas y atolladeros.

A veces, las cuestas son tan resbaladizas que debemos subirlas a cuatro patas.

Estoy prácticamente sin zapatos: en el pie derecho, un inmenso borceguí, cuya suela sólo se sostiene por el tacón; en el pie izquierdo, un zueco deforme, que después de algunos pasos ha transformado mi pie en una llaga sangrienta.

Llegamos a una llanura glacial, al borde del Vístula.

Tenemos que pasar allí diez horas, cavando

en las fangosas ciénagas o transportando montones de tierra. No sabemos cómo protegernos del viento, que sopla por todas partes. No tenemos, ni nos dan, nada caliente para comer o beber.

Nuestros dedos están demasiado entumecidos para cortar el pan. En algunos puntos, los SS han encendido grandes fogatas, a las que los *Kapos* acuden a calentarse. Naturalmente, no tenemos derecho a acercarnos.

Somos, aproximadamente, mil quinientas trabajadoras. Al llegar la noche nos ordenan de cien en cien.

Esperamos la partida durante un espacio de tiempo que nos parece interminable. Luego hay que caminar rápido, cada vez más rápido.

En el trayecto nos detienen bruscamente, sin saber por qué, y esperamos.

Luego hay que partir de nuevo corriendo.

Los perros están amaestrados para mordernos, y ladran alrededor. Todo está en mantener el ritmo, en no abandonarse, en no caer.

Sé que no tengo más fuerzas para correr. Intento alinearme al comienzo de la primera centena, para encontrarme al menos, incluso si pierdo terreno, en el grupo de cola.

Pero hay que ser hábil en esta maniobra, pues los *Kapos* no nos permiten cambiar de fila durante el camino.

Llegamos extenuadas. Han traído en camilla a una mujer apaleada hasta morir.

Aún tenemos que formar y esperar a que pasen lista durante dos horas.

Entonces, y sólo entonces, a oscuras, nos permiten entrar al *Block* y nos distribuyen, a la buena de Dios, una sopa que ya no tendremos fuerzas para tomar.

Ya no puedo correr, han soltado a los perros detrás de nosotras. No puedo más.

Qué más da acabar de esta forma o de otra…

Comparto cama con diez húngaras.

Logré hacerme comprender en inglés por una de ellas. Cuando le pregunté si su calma estaba hecha de resignación o de esperanza, me respondió con una especie de lema: «Vendrá el día en que la guerra termine, en que ya no habrá Campos, en que seremos liberadas. Y ese día podría ser mañana».

Aferrarnos a aquella hipotética eventualidad era, evidentemente, la única forma de esperanza.

La cuestión era que ese día llegara antes de que estuviésemos muertas.

BLOCK 4, LLAMADO «DE REPOSO»

Por la noche, con todas aquellas viejas polacas ocupadas alrededor de los hornillos en preparar su infame rancho o sus patatas, pensaba que estaba en el cubil de las hechiceras de Macbeth.

El conjunto del *Block* estaba sumido en la oscuridad. Frente a las rojas llamas, aquellas mujeres formaban grandes sombras, misteriosas y algo cabalísticas.

EL PAÑUELO

Por tercera vez fui hospitalizada. Al salir del *Revier*, oculté mi pañuelo bajo el pan. He logrado conservarlo durante cuatro meses.

Era tanto el dolor al curarme el dedo que perdí el sentido.

Al volver en mí, escuché, como entre la niebla, una voz, la de la doctora, que me decía: «¿Duele mucho?».

¿Lo soñé o es que existe todavía gente con corazón?

Hace dos horas que todo el Campo ha sido llamado a formar, y parece que será para largo, ya que falta alguien.

Estamos en diciembre. Ha nevado abundantemente. El frío es terrible.

El viento husmea brutalmente por entre nuestras escuálidas ropas. Tenemos los pies desnudos dentro de estos restos de zapatos. Algunas ni eso tienen siquiera.

Intentamos remover los pies para impedir que se congelen. Yo ya no tengo fuerzas.

El *Offizierin* viene a hacer el control.

La gorda y rubia Gretchen lleva una amplia esclavina con capucha. En los pies, cómodas botas de cuero.

Nos mira con arrogancia y trata de ser ingeniosa: «Entonces qué, *mis queridas hijas*, ¿os gusta respirar un poco de aire fresco? Es bueno para refrescar la memoria, ¿verdad?».

Algunas mujeres ya han caído, fulminadas por el frío.

Muy tarde ya, regresamos al *Block*.

Tan vivo es el sufrimiento que siento cómo brotan de mis ojos las lágrimas.

Momentos de desamparo. ¡Ah, si al menos supiéramos que aún vive alguien para quien somos su razón de existir!

Tener a alguien cerca de ti que te cuide, sin más interés que el puro amor.

Una dicha que me parece al mismo tiempo la más inefable y la menos accesible.

Le hemos dado una fiesta a la que encontró cerca de la cocina, en un montón de basura, unos tronchos rizados de col.

Qué felicidad poder roer algo que se parece a una verdura fresca.

DICIEMBRE

BLOCK 14

Afirmo que existe gente más desdichada que nosotras. Me dejo injuriar por mujeres que, como yo, comen mal, duermen mal, tienen mala salud.

¿Acaso no imaginaban «antes» estas mujeres lo que es pasar hambre, todos los días, sin poder esperar que cese en algún momento?

¿No sabían que la gente muere de fatiga, de sueño, de frío, sin tener un momento de respiro, un lugar donde dormir, un fuego en el que calentarse?

¿No sabían que hay seres humanos que sufren sin que el resto del mundo piense en indignarse por sus sufrimientos?

¿No sabían que si algunos hacen el gesto de «preocuparse por la miseria» es sólo para ayudar de manera momentánea y parcial, pero que ninguna de esas mismas almas caritativas se privaría del menor de sus privilegios para garantizar al resto del mundo medios de subsistencia, en el sentido exacto de estos términos?

Pues no. Incluso en la miseria en la que estábamos hundidas, la mayoría tenía anteojeras y la plena conciencia de qué era lo que «merecía».

La gente siempre tiene tendencia a creer que es ella la única que sufre.

Como si sólo le quedase el suficiente corazón para apiadarse de sí misma.

LAS COMPAÑERAS

YVONNE

Era una extraordinaria chica de Lorena, de mirada pura. En su cara reinaban unos ojos grandes y de un azul como de porcelana.

Cuando nos encontramos por última vez, en diciembre, llevaba la muerte marcada en su pequeño rostro.

Yo hubiera querido insuflarle vida a su pesar, suscitar en ella algo del coraje que yo ya ni siquiera poseía, el justo para ayudarla a vivir. No mucho tiempo, sólo unos cuantos días.

De entre todas, era ella quien más merecía regresar.

HELLA

No era hermosa. Con aquella narizota y aquellos ojos, más bien apagados. De complexión robusta, poco elegante. Inteligente, pero sin un atractivo especial.

Era, simplemente, mi amiga.

Nos habíamos visto una vez, antes de la deportación, y habíamos intercambiado algunas palabras. Sin embargo, no había sentido por ella ninguna simpatía especial.

Fue la primera noche, en las duchas, cuando Hella me reconoció y se me acercó.

A partir de aquel momento, tácitamente, formamos un equipo.

Sólo dos horas después de haberme conocido, ya había robado para mí una blusa andrajosa.

«Toma, tienes más frío que yo.»

Parece ridículo, pero cuánto valor tenía aquel gesto, y cuán precioso me fue aquel jirón de satén cuando casi nada más me protegía de las agrias brisas matinales.

Hella había nacido en Polonia, de padre judío y madre católica. Vivía en Francia desde hacía cinco años.

La arrestaron en Montpellier, donde acababa sus estudios de medicina.

Esta joven polaca hablaba francés con una rara perfección, y conocía muy bien nuestra literatura. Sólo tenía veintitrés años, pero una madurez de espíritu tal que parecía mucho mayor.

Trabajábamos juntas, juntas pasábamos frío, juntas sufríamos.

Yo le daba mi pan porque ella tenía más hambre que yo.

Por las noches, pacientemente, ella curaba mis llagas. Yo le contaba cómo había sido nuestro trabajo en la clandestinidad y me emocionaba recordando miles de detalles. Me sentía feliz al ver cómo le apasionaban mis historias.

Por aquel entonces, los únicos momentos en que yo era consciente de mi dignidad eran aquellos en los que le hablaba de mi «tarea» anterior.

Hoy me doy cuenta de que una gran parte de mi coraje se lo debo a Hella: me importaba mucho su opinión y deseaba que pensara que yo era fuerte. Decepcionarla habría sido destruir aquel extraño sentimiento mío.

Hella había tenido la oportunidad de entrar como médico en el *Revier*. Pero siempre lo había rechazado por dos razones: tenía miedo a contagiarse y no me quería abandonar.

Ahora bien, al terminar la cuarentena, nos separaron. Sin duda aquélla fue la primera y mayor decepción que experimenté en el Campo. Aunque ambas tuviésemos otras amigas, nos sentimos, literalmente, amputadas de una parte de nosotras mismas.

Tener una amiga ayuda tanto a soportar el sufrimiento...

En 1944, después de algunos cambios, nos encontrábamos en *Blocks* vecinos. Esta cercanía nos permitió vernos con mucha frecuencia, al menos unos instantes, durante las horas de trabajo. En ocasiones, Hella venía a verme hacia las cinco de la mañana, antes de que pasaran lista. Y yo me arrastraba por la noche hasta su *Block* a la vuelta del trabajo, después de que volvieran a hacerlo; encontraba la fuerza necesaria para dar algunos pasos más.

Cuando nos llegaban ecos de alguna buena nueva, nos la comunicábamos con entusiasmo.

A veces, gracias a su conocimiento del polaco, Hella lograba conseguir algunos periódicos, que hacíamos circular a escondidas.

En julio tuve que ingresar en el *Block* «de reposo» a causa de una llaga en la pierna, que no me dejaba de supurar.

Cuando volví al *Lager* A supe que Hella había sido ingresada en el *Revier*.

Aquella noticia me estremeció, pues sabía de su miedo a las selecciones para los hornos. Hella había prolongado la decisión de hospitalizarse hasta el último minuto.

Aquejada de una angina diftérica, había dicho, sin embargo, que padecía unas simples anginas. Cuando la forzaron a entrar en el hospital ya era tarde.

Perdió la vista, el tacto y el habla.

El 8 de agosto yo misma ingresé en el hospital con una fiebre muy alta.

Allí me enteré, a través de una amiga doctora, de que Hella estaba mucho mejor: había recobrado la vista y el tacto, pero no del todo, desafortunadamente, el habla.

Cinco semanas más tarde, la víspera de mi salida del *Revier*, tuve la inmensa alegría de ver aparecer a Hella en persona.

Venía envuelta en una manta gris y no se le veían más que la cabeza rapada y la cara, que no me pareció tan flaca.

Nos lanzamos a los brazos mutuamente. Ay, ella prácticamente no podía hablar en voz alta, y todo cuanto me dijo esa noche no fue sino un prolongado y triste murmullo. Pese a todo, el reencuentro nos hizo verdaderamente felices y provocó en ambas un extraordinario entusiasmo.

Esperábamos con ansiedad importantes acontecimientos para el otoño, y deseábamos considerar nuestro providencial encuentro como un feliz augurio.

Al día siguiente, el 5 de septiembre, a causa de mi extrema delgadez fui enviada a un *Block* de reposo.

En octubre, se produjo en el Campo una violenta ola de selecciones.

Quemaron gente a todas horas.

Sin haber podido recuperar el habla, Hella seguía en el *Revier,* convaleciente.

Nunca más la volví a ver.

Los alemanes se la llevaron y la quemaron.

HÉLÈNE

Hélène era muy hermosa.

Con un no sé qué extraordinariamente suave y puro.

De ojos negros, inmensos y algo lentos, como los de una cierva.

Hélène era una apasionada de Shakespeare y conocía su obra como nadie. Creo que en un principio fue esta pasión común la que nos acercó.

Ambas nos encerrábamos en nuestra torre de marfil, y ni siquiera los bastonazos lograban hacernos bajar a la tierra.

En medio de todo lo que vivíamos, nos parecía que Shakespeare era el único que estaba a la altura.

Hélène está muerta.

MARIE

Se burlaban de ella porque tenía barba.

A pesar de su dulzura y de su pasividad, no lograba causar la menor simpatía. Nadie parecía darse cuenta de su existencia.

Aquella proscrita entre los proscritos me conmovía. Le dije que se viniera a dormir con nosotras.

Y cuando le pregunté qué había sido en la vida respondió, simplemente: «Era sirvienta».

IRENE

(enero de 1945)

Estoy sola en esta inmensa confusión. A la deriva. Demasiado extenuada incluso para alegrarme de no morir.

Entonces, encuentro a Irene.

Alguien a quien dar la ternura que desde hace semanas duerme en mi interior.

Cargamento de dulzura sin destinatario.

Irene me ama y espera cada día mi llegada, como una recompensa.

La hallé medio muerta de hambre, medio muerta de miedo a morir de hambre.

Con ella, el dulzor de privarme de alimentos por alguien que merece la pena. De saber que puedo impedir que alguien muera.

LOS GEMELOS

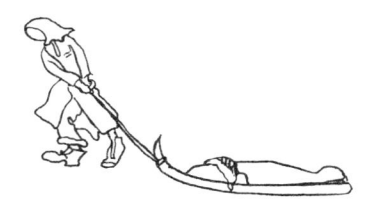

No sólo los ancianos, también los niños judíos eran quemados junto a sus madres al llegar al Campo.

Había que tener al menos trece años y no más de cincuenta para tener derecho a trabajar y vivir.

Con excepción de los gemelos.

Éstos, considerados como fetiches, conservaban el derecho a morir de muerte natural.

Tenían una suerte extraordinaria: aunque las bestias alemanas los sometían a experimentos «científicos», gozaban de grandes ventajas.

La primera, y no la menor, era la atribución de una ración alimenticia mucho más abundante.

La segunda, ay, era bastante falaz: no ser destinados a los hornos.

En conjunto, sus condiciones de vida eran, sensiblemente, mejores.

El 15 de noviembre, por primera vez en el Campo de Birkenau, una judía francesa trajo al mundo gemelos.

Le hicieron una verdadera fiesta. Mengele, el doctor en jefe del Campo, el asesino con patente, el encargado de las selecciones, fue el padrino de los dos niños.

Les concedieron una cuna, con algo parecido a sábanas, y la feliz madre recibió una alimentación copiosa y selecta. Lo nunca visto.

Primero, desfiló ante ella todo el cuerpo médico. Seguidamente, las eminencias, que la felicitaron. Es más, le agradecieron haber aportado al Campo un amuleto.

Hasta entonces, las mujeres judías que estaban embarazadas habían sido relativamente bien tratadas: las ponían en un *Block* especial, donde recibían pan blanco, sopa de sémola y miel e incluso mantequilla.

Pero en el momento en que daban a luz cesaba el tratamiento especial.

Los niños judíos no tenían derecho a vivir.
No probaban leche ni alimentos.
Así que morían de hambre.
Eran pocas las madres que podían dar el pecho, y de todas maneras no lograban hacerlo por mucho tiempo. La vida del Campo no les dejaba fuerzas.

Muchas tuvieron que asfixiar a sus bebés.

Las que no eran capaces de llevar a cabo aquella acción los dejaban a cargo de los verdugos.

Ahora bien, a partir del famoso día en el que nacieron los gemelos se decidió que todos los bebés judíos que vieran la luz en el Campo serían dejados con vida, registrados y matriculados, y recibirían una ración extra de alimentos.

A pesar de que los gemelos de Jeannette recibieron un trato especial, uno ellos se resfrió y murió al cabo de cinco días.

La madre se vio privada entonces de todas sus ventajas. A petición de las demás madres, se le redujo su ración hasta equipararla a la normal.

Si ya no había gemelos, tampoco sopa dulce, ni pan blanco, ni mantequilla.

La infeliz siguió dando el pecho a su único hijo, y durante algún tiempo tuvo tanta leche que hasta pudo alimentar a otros bebés.

Después, con los efectos de la mala alimentación y el frío, se debilitó y perdió la leche.

Apenas dos meses y medio más tarde, cuando los alemanes ya habían huido, a dos días de la liberación, murió de hambre su segundo bebé.

En realidad, aquel bebé jamás había sido matriculado. Jamás había tenido derecho a la leche en polvo reservada sólo a los niños arios.

LOS ALEMANES
HABÍAN ABANDONADO EL CAMPO

(tercera semana de enero)

De entre los niños que yo curaba, unos treinta o cuarenta, algunos estaban muy enfermos y hubiesen necesitado cuidados más minuciosos.

No eran más que pequeños esqueletos tumbados sobre unos jergones mugrientos.

La mayor parte padecía disentería.

Yo debía lavarlos y cambiarlos varias veces al día, pero no tenía ni agua ni ropa. Nada más que algo de nieve fundida y viejas ropas de adulto.

Algunos tosían, y sus tristes caritas estaban continuamente cubiertas de mocos.

Entre todos aquellos pequeños moribundos, había algunos niños que estaban más o menos saludables. Tal promiscuidad tenía, en cierto modo, algo de espantoso.

NO SÉ SU NOMBRE

Aquel pequeño estaba tan esmirriado que apenas me atrevía a tocarlo, temiendo que fuera a romperse entre mis brazos.

No podía moverse solo en su lecho. Siempre que lo curaba me pedía perdón.

Durante mis largas noches de guardia, yo deseaba que muriera lo más rápido posible, pero el infeliz moribundo se obstinaba en no morir.

OLEK

Cierta mañana me trajeron a un crío de aproximadamente seis años. Un pequeño yugoslavo llamado Olek.

El niño no parecía tener fiebre ni padecer ninguna enfermedad en particular.

No estaba flaco ni sucio, ni era travieso.

Yo no sabía cuál era su mal, ni él podía decírmelo: no hablábamos el mismo idioma.

Lo desvestí, lo acosté. Se dejaba hacer con increíble docilidad.

A la mañana siguiente, no había ensuciado su cama. Le llevé su sopa y se la tomó sin rechistar. Luego, mientras lo acercaba a mí para limpiarlo, se puso de rodillas sobre el colchón, me echó los brazos al cuello y me dio un beso.

Su gesto me emocionó más allá de cualquier límite.

Hacía un año que había olvidado qué era la ternura.

En un minuto, compensó todas mis penas.

EL PEQUEÑO MARC

Qué ojazos tan inteligentes los del segundo bebé de Jeannette. En una carita demasiado vieja para un niño de dos meses. Resultaba monstruosa al compararla con su pequeño cuerpo raquítico, del tamaño de un recién nacido, aunque increíblemente largo.

Nos miraba con sus grandes ojos tristes, que parecían decirnos: «¿Por qué no me dais de comer?».

ANKA

Mi pequeña muerta de siete años.

Una niñita que parecía vieja. Cada día se volvía más escuálida, supuruba más, mayor era su diarrea; también más autoritaria, más malvada, más miserable, más moribunda.

Murió.

Nadie quiso ayudarme a cargar el cuerpo.

Un muerto, cuando ha crecido más de la cuenta a los siete años, pesa. Tuve que arrastrarla en trineo, por la nieve, hasta el montón de cadáveres.

LA NOCHE DEL INCENDIO, LA BOMBA

Aquella noche tratábamos de vestir a los niños enfermos con la única luz de las aún lejanas llamas.

Al lado, en el *Stube*[10] de los arios, las polacas celebraban con sus hombres la partida de los alemanes, emborrachándose a la luz de una vela.

Ella cargaba en los brazos a su segundo niño, ya muerto.

Lo cogí y me acerqué a la vela para ver si estaba realmente muerto.

Jeannette no consintió en soltar ni un segundo el pequeño cadáver.

Al amanecer, el incendio se había extinguido.

Entonces, pude llevarme al niño entre la nieve.

LAGER B2B

Llegamos a un *Block* abandonado y no encontramos nada de ropa ni nada para comer. Pero ante nosotros había montones de cuchillos.

Cientos, miles, decenas de miles: cuchillos con cachas de nácar, cuchillos de campesino, cuchillos grabados, cuchillos de bolsillo, cuchillos de mesa, cuchillos de plata, cuchillos de cocina, cuchillos honorables, cuchillos de matón, cuchillos de caza.

Ahí están, trágicos, trágicos como esos montones de cadáveres a los que pertenecieron.

24 DE ENERO

Los alemanes habían evacuado el Campo, no dejando atrás más que a los muy enfermos y a los que estaban demasiado débiles para seguirles.

Dos días más tarde, la Gestapo de Auschwitz volvió y ordenó que todos los judíos salieran de sus barracones y se pusieran en fila para partir. Imaginé que los rusos estaban a punto de llegar. Me escondí.

Al día siguiente, al amanecer, las polacas me echaron del *Block* en el que curaba a los niños enfermos.

Tenían miedo. Pánico. Los alemanes les habían advertido que incendiarían todos los barracones en los que encontraran judíos.

Jeannette y yo partimos en medio de la nevada. Soplaba un viento glacial. La temperatura había llegado a treinta grados bajo cero.

Llevábamos puestos unos viejos pantalones de hombre, meros andrajos sostenidos con cuerdas.

Nuestros miserables abrigos nos golpeaban las piernas, estorbándonos el paso.

Mi zapato izquierdo tenía un agujero en la suela, por el que entraba la nieve; el derecho estaba tan destrozado que pese a sus muchos cordones se me salía del pie a cada paso.

Me habría gustado coger otro pan más como provisión, pero no podía cargar más de uno.

Me había enrollado la manta sobre los hombros.

Curvándonos a causa del viento, intentamos seguir adelante.

Nos hallábamos en pleno frente de batalla. Por encima de nuestras cabezas seguían los combates aéreos.

Había muchos cadáveres tendidos por todas partes, los cuervos buscaban comida. Pero tampoco parecían muy tranquilos: los cañones lo sacudían todo.

Primero entramos en el *Block* 14, que había sido vaciado la noche anterior, durante la gran redada. El suelo estaba tapizado de restos.

Parecía que aquellos infelices hubieran abandonado allí sus provisiones.

Todo el que aún se mantenía con vida en el Campo se dedicaba al pillaje. Pero, sin duda, no había mucho que cosechar, y nosotras estábamos demasiado cansadas para hacerlo.

Dejamos atrás el *Lager* de los gitanos.

Vagamos por todo el Campo B2b buscando un albergue.

Varios grupos de mujeres se habían instalado en los *Blocks* abandonados.

Había húngaras, polacas, griegas y holandesas.

Las más afortunadas estaban muy bien equipadas, y desde hacía varios días. Tenían estufas, café caliente y harina con que mantenerse por algún tiempo.

Algunas tenían a sus bebés con ellas; otras, a sus hombres.

Ya fuesen judías o arias, todas nos negaron su hospitalidad.

Durante horas y horas estuvimos buscando.

Finalmente, al límite de mis fuerzas, a punto de morir de frío, le pedí a una húngara que me dejara entrar en el cuartito caliente que compartía con algunas compatriotas.

Tenía fuego, yo sólo veía eso.

No le pedí ni pan ni leche. Sólo permiso para sentarme en el suelo, en cualquier rincón tibio.

Me echó fuera, a patadas.

Entonces, Jeannette la amenazó con romper los cristales. Así pude conseguir unas pocas brasas, bien rojas, para intentar hacer fuego en otro *Block* abandonado. Pero al cabo de algunos pasos el viento apagó las brasas.

Tenía los dedos tan congelados que no podía ni quitarme la ropa cuando lo necesitaba.

Iba dando tumbos por la nieve, con ganas de encontrar algún lugar cómodo en el que morir.

Cuando llegó la noche, la lucha proseguía arriba y a nuestro alrededor.

Teníamos hambre, pero también demasiado frío como para desanudar los pañuelos en los que guardábamos el pan.

Entonces intentamos volver al *Lager* de los gitanos. Los alemanes no habían regresado, y nos dejaron entrar en el *Block* 28, nuestro *Block*.

Pudimos acercarnos a la chimenea y hacer café.

BLOCK 22

La pequeña Denise, de veintidós años, se está muriendo por falta de medicinas.

LA LLEGADA DE LOS RUSOS

Dos días más tarde, mientras visitaba a un enfermo en el *Block* 22, alguien gritó: «Los rusos están aquí».

No tuvimos tiempo de alegrarnos, ni siquiera de darnos cuenta de la noticia, pues otra voz gritó que era mentira, que se trataba de una provocación.

Volví a mi *Block*.

Horas más tarde, salí a buscar agua con las húngaras.

Cuando llegamos a la altura del depósito, vimos perfilarse sobre el camino que separaba nuestro *Lager* del *Lager* C a los primeros soldados rusos.

El sol estaba muy bajo.

Sobre la nieve, entre el alambre de espino, los vimos llegar, uno a uno, en fila.

Avanzaban lenta, penosamente, con sus grandes capotes y sus gorros de piel, fusil al hombro.

Yo habría querido correr hacia ellos, pero me faltaban las fuerzas.

Al anochecer, los soldados rusos vinieron a vernos.

A puñados entraron en los barracones.

Los enfermos se alzaron sobre sus lechos; los niños se pusieron de pie sobre los colchones y gritaron: «¡Ruski! ¡Ruski!».

Con ellos, la vida había entrado en el Campo.

Ya no estábamos solos.

LA MANO

Después de diez meses de vida en el Campo seguía experimentando la misma sorpresa ante la mezquindad, la falta de honestidad, la rapacidad de la gente.

¿Cómo podía sentir confianza cuando la experiencia cotidiana me demostraba que aquella palabra no significaba nada aquí?

Yo pensaba que después de la liberación cesaría el odio entre los detenidos, aquel odio nacido de la lucha por la vida.

¡Qué ingenua, qué estúpida! ¿Cómo podía imaginar que la gente no tendría escrúpulos en hacer sufrir a los demás si a ellos les convenía algo?

Una noche, cogí el cubo con el propósito de ir a buscar agua para los niños.

No era cosa fácil.

Había que caminar por la nieve mil metros, más o menos, hasta el depósito, que estaba completamente congelado. Corriendo el riesgo de romperte los huesos a cada instante, hasta llegar al hoyo que habíamos hecho.

Había que tumbarse sobre el hielo y sacar, escudilla tras escudilla, suficiente agua como para llenar el cubo. Y luego rehacer el trayecto en sentido opuesto, cargando con el cubo, que pesaba demasiado para mí.

Aquella noche, cuando llegaba a las cercanías del *Block* me llamó, en un mal alemán, un hombre. Tenía una sola pierna, se apoyaba en una muleta y en un bastón.

Me acerqué, creyendo que necesitaba ayuda.

Cuando estuve a su lado, me quitó el cubo.

Traté de explicarle que no podía dárselo, que me esperaban algunos niños, muertos de sed.

Se negó a devolvérmelo.

Entonces, cuando puse la mano sobre el cubo para recuperarlo, levantó el bastón y me asestó un golpe terrible.

Sentí un dolor atroz.

La sangre comenzó a gotear a través de mi viejo guante de lana.

Era tal mi sufrimiento que me puse a aullar como un perro apaleado.

Estaba sola en medio de la *Lagerstrasse*.

El hombre se había largado con mi cubo.

Me había roto la mano.

EL PAÑUELO

Traje conmigo a Francia mi precioso pañuelo.

Como un estandarte que hubiera hecho muchas campañas, sus colores están apagados.

Es ahora cuando lo encuentro más hermoso.

Está acribillado de agujeros mi pañuelo.

No fueron las balas las que lo llenaron de estrellas, sino mi primer cigarrillo, aquel prodigioso día en el que, con mano torpe, enrollé el tabaco que un ruso me dio.

París, septiembre de 1945

POSTFACIO

LIRISMO Y BARBARIE: LA MIRADA DE UN PINTOR EN AUSCHWITZ-BIRKENAU

En septiembre de 2001, el joven cineasta Vincent Lacoste me propuso realizar un proyecto que me interesaba sobremanera desde hacía meses: poner voz al testimonio de una mujer, víctima de la máquina de exterminio nazi durante la Segunda Guerra Mundial. La interpretación de Catherine Samie en *La última carta*,[11] dirigida por Frederick Wiseman, me había impactado. Samie encarnaba a una doctora que escribía a su hijo siendo prisionera en un gueto de Ucrania. Fue entonces cuando decidí llevar al teatro los infortunios vividos por una mujer, su descripción del sistema *concentracionista*.[12]

Este proyecto estaba ligado a un fuerte compromiso, el de casi toda mi familia, que, de diversas formas, participó en la Resistencia desde 1940. Algunos de mis parientes fueron ejecutados en condiciones trágicas. Este pasado, glorioso pero pesado, despertó bruscamente mi deseo de proseguir, a mi manera, su obra, restituyendo algo de ésta a través de un gran texto para el teatro.

Con Vincent Lacoste leí una buena cantidad de libros de Historia, testimonios —en forma de cartas, diarios o memorias—, novelas y relatos. Algunos de esos testimonios han aparecido recientemente, en especial escritos de jóvenes deportadas,[13] que nos conmovieron particularmente. Después de meses de lectura personal, así como de lecturas en voz alta, de discusiones e intercambios concluimos nuestra elección con *Sin flores ni coronas*.

Su autora era desconocida, sus notas sobre la vida en los Campos de Auschwitz-Birkenau y su liberación por los rusos revestían una fuerza sorprendente. Descubrí este libro en casa de una pariente cercana, que había conocido a Odette Elina en 1947; ésta había venido a buscarla para narrarle detenidamente sus recuerdos. Aquellos momentos compartidos fueron numerosos, luego Odette partió, sin dejar sus señas. Envió su libro más tarde. Después de tantos años, una mano lo cogió de la biblioteca familiar. El gesto, en apariencia banal, habrá permitido, no obstante, decidir un destino: la resurrección de un texto y de su autora. El libro, en efecto, estaba agotado. No figuraba en ninguna bibliografía.

Es un texto admirable. Por supuesto, la dureza del discurso nos sedujo, pero también su humanidad, su voluntad de expresar la desnuda violencia con una terrible sencillez. Al principio, no podíamos leerlo en voz alta: tuvimos que familiarizarnos con él. Para luego realizar un largo trabajo de distanciamiento, y también de apropiación, casi con cada palabra. Su carácter extrañamente poético nos desconcertaba. La autora consigue, efectivamente, conciliar lirismo y barbarie. Ironía y ternura también. Los doce dibujos[14] que acompañaban al texto contribuían a suscitar impresiones contradictorias.

La primera edición del testimonio de Odette Elina se publicó en Bourges el 20 de marzo de

1948, en la imprenta Marcel Boin y a cuenta de la editorial J. F. Boulet. A ésta seguiría una segunda a cuenta de la autora, ya en 1982, con un prefacio escrito por ella misma. Como epígrafe a la primera edición, Odette Elina había puesto una frase de Aragon extraída de *El Museo Grévin*: «En los confines de Polonia hay un infierno cuyo nombre silba una horrible canción».

La autora resume sus intenciones literarias en el prefacio de la segunda edición: «Cuando volví de Auschwitz, en 1945, sentía con tal intensidad lo que acababa de vivir que me resultaba imposible guardarlo sólo para mí. Lo consigné en las notas y dibujos que constituyen *Sin flores ni coronas*».

El texto está escrito en primera persona. Aparece *cortado* en breves fragmentos. Éstos corresponden a las «anotaciones», que reviven momentos anunciados por sus títulos («La llegada», «La ducha») o bien por algunos objetos («El pañuelo»). A veces, también por lugares concretos del Campo («Kommando 313», «Block 29») o por algunos nombres («Hélène», «Marie», «Anka»), que humanizan los días que se repiten y marcan una efímera evasión. Algunas referencias a los meses anteriores a la fecha final (septiembre de 1945) dejan sentir el lento transcurso del tiempo previo a la liberación. Su secuencia cronológica se impone a través de algunas señales («una parte de la noche… luego… al amanecer…»), que bastan para subrayar el sufrimiento, la violencia de la exterminación inmediata, de la obligada desnudez en público, de la tortura en la estación, de pie, en medio del frío.

En este texto, muy trabajado, la sucesión de episodios no está marcada por ningún encadenamiento lógico. Las palabras son imágenes, y las imágenes nos conmueven. Éstas, a veces salpican, a veces afloran, pero la escritura, sobria, conserva siempre su fuerza evocativa.

Algunos de los sorprendentes dibujos logran mostrar con sólo unos cuantos trazos, gracias a su vigor y a su gracia, la agonía. O definen una actitud cómica que el texto no puede expresar. El lector siente que se trata del testimonio de un pintor. El dibujo prolonga la escritura, y la tiñe. Así, la palabra murmurada, aislada por los blancos («Aquella infeliz tenía los pechos pequeños. Se habían vueltos transparentes como bolsas vacías») se vuelve eco, desde la página que miramos, en los bocetos que dibujan los contornos de la ausencia. A veces también, como en una película muda, el movimiento del dibujo amplifica la magnitud trágica del dolor, como en la desaparición de un niño: «Un muerto, cuando ha crecido más de la cuenta a los siete años, pesa. Tuve que arrastrarla en trineo, por la nieve, hasta el montón de cadáveres». Un esbozo muy púdico nos dibuja ese 'trineo-ataúd', unido aún a la vida por el esfuerzo de quien lo arrastra.

La joven no dice una palabra sobre las circunstancias que la condujeron a Auschwitz-Birkenau, ni de su vida antes de su arresto ni de su deportación. Pero la mirada que se dirige hacia sí misma y hacia las demás mujeres, en situaciones que a veces parecen absurdas, deja entrever su gran cultura: «Con nuestras grandes cruces rojas en la espalda parecemos pobres cruzados». Nos sorprende la agudeza de su visión, y nos despierta la conciencia. La imagen nos transporta a la condición ancestral de la esclavitud: «El primer día, cuando nos hicieron acarrear piedras, me pareció haber renovado el antiguo gesto del esclavo, en la época de los faraones». La capacidad de análisis no impide la rebeldía: «No satisfechos con habernos despojado de la libertad al mismo tiempo que de nuestra ropa, las bestias quieren arrebatarnos lo que nos resta de dignidad, quieren dejar en nosotros sólo nuestros instintos animales». Únicamente durante el robo del cubo de agua, después de la liberación, siente el lector que Odette vacila.

A lo largo de todo el *recorrido*, sabe protegerse guardando las distancias, sin dejar de permanecer abierta a los demás. Su salvación depende de ese difícil equilibrio, la oscilación entre ambos estados.

Los encuentros desempeñan un papel esencial en la conservación de cuanto le queda de fuerza vital. En efecto, debe la vida a todas sus «compañeras». Yvonne: «Era una extraordinaria chica de Lorena, de mirada pura. En su cara reinaban unos ojos grandes y de un azul como de porcelana», «Yo hubiera querido insuflarle vida a su pesar, suscitar en ella algo del coraje que yo ya ni siquiera poseía, el justo para ayudarla a vivir. No mucho tiempo, sólo unos cuantos días»; Hella: «No era hermosa (...) Era, simplemente, mi amiga»; y Marie; y a continuación Irene. En sus circunstancias, estas relaciones son la única defensa contra la muerte una vez que se debilita la voluntad de vivir. «Estoy sola en esta inmensa confusión. A la deriva. (...) Entonces, encuentro a Irene. (...) Saber que puedo impedir que alguien muera.» La amistad da la vida por medio del cuidado mutuo: «Yo le daba pan, porque tenía más hambre que yo... Por las noches, pacientemente, ella curaba mis llagas». Y sólo una vez el contenido político de las conversaciones: «Yo le contaba cómo había sido nuestro trabajo en la clandestinidad. (...) Me sentía feliz al ver cómo le apasionaban mis historias».

En los primeros días de 1945, mientras se acerca el fin, en la desorganización generalizada, los niños ocupan el lugar central. «De entre los niños que yo curaba, unos treinta o cuarenta, algunos estaban muy enfermos (...) No eran más que pequeños esqueletos tumbados sobre unos jergones mugrientos.» Acerca de uno de ellos: «Aquel pequeño estaba tan esmirriado que apenas me atrevía a tocarlo». Después, acerca de Olek, el más querido, pues está ligado a la magia de un recuerdo feliz: «Cierta mañana me trajeron a un crío de aproximadamente seis años. (...) No estaba flaco ni sucio, ni era travieso. (...) Mientras lo acercaba a mí para limpiarlo, se puso de rodillas sobre el colchón, me echó los brazos al cuello y me dio un beso».

El último recurso que queda es la imaginación. En los momentos de gran debilidad corporal, cuando la autora es hospitalizada, el viaje imaginario invade su ser. Los recuerdos de sus afectos, que ella había rechazado al principio del texto, afluyen en su cuerpo enfermo, tendido, inerte. Esto le da la posibilidad de oponer a lo real un sueño de dicha: «Volvía a ver las hermosas manos de mamá, tan blancas y suaves. Aquellas manos, como un gran pájaro de dulzura, se me habían vuelto una obsesión».

La literatura y la pintura también protegen el espíritu: «Hélène era una apasionada de Shakespeare (...) Ni siquiera los bastonazos lograban hacernos bajar a la tierra». Estos viajes al interior de las palabras de Shakespeare, o de los cuadros de El Greco, constituyen un recurso vital contra la violencia y la destrucción. Nunca gana a Odette la oscuridad absoluta; al contrario, conserva viva una débil luz.

Pero los encuentros sólo serán breves claros. Todo lo que se le da, es, de nuevo, inmediatamente arrebatado: «Hélène está muerta», «En octubre, se produjo en el campo una violenta ola de selecciones. Quemaron gente a todas horas. (...) Nunca más la volví a ver»... El título, *Sin flores ni coronas*, coloca a la muerte, a la desaparición, en el centro de todo. Un versículo poético, lírico incluso, que evoca el recuerdo de su infancia se cierra en un abismo: «Pero todo aquello estaba muerto, muerto, muerto».

Odette Elina, como su contemporáneo Robert Antelme, logra que escuchemos una voz singular, una voz que denuncia el mal y rechaza el odio.

En el prefacio a la segunda edición, en noviembre de 1981, escribe: «Dedico esta nueva edición a los que aún no habían nacido en 1945. Que este testimonio pueda despertar en ellos el horror al nazismo, pero también la esperanza en el porvenir del hombre».

¿A quién pertenecía aquella voz? ¿Sería posible encontrar a esta mujer o conocer su vida? Poco a poco fuimos localizando las huellas de Odette Elina. Un hilo conducía al Museo de la Ciudadela, en Besançon. Pero las huellas se detenían en 1987. El registro civil de Le Cannet nos reveló que había fallecido en mayo de 1991. En París, la Federación nacional de deportados, internados, resistentes y patriotas (FNDIRP) había guardado algunos artículos y el Museo de la Resistencia nacional había conservado un legado de la autora entre sus fondos. Para arrancar a Odette Elina del olvido se hacía necesaria la labor paciente de los conservadores y la intervención, preciosa, de Eric Freedman, investigador y asesor en el Centro Simon Wiesenthal, así como toda nuestra tenacidad.

Odette Elina nació en París el 28 de septiembre de 1910. De origen judío, era hija de Meyer Elina y de Georgette Adrienne Bloch. Tras «largos años en París»[15] la familia Elina se estableció en Fiac, a orillas del Tarn, en una propiedad llamada Sainte-Anne. Los padres de Odette poseían algunas sombrererías en la región, una de las cuales es conocida todavía hoy con el nombre de Sombreros Elina.

La joven dio pronto muestras de poseer una sólida cultura y cierto talento para el dibujo. Se convirtió en artista. Dibujó y pintó durante toda su vida, y en 1959 participó como jurado en el Memorial Internacional de Auschwitz, dirigido por el escultor inglés Henry Moore.[16]

Según sus amigos y los colegas con los que trabajó después de la guerra tenía un carácter muy enérgico y un gran sentido del humor.

Se ignora en qué fecha se inscribió Odette Elina en el Partido comunista, pero se sabe con precisión que, desde 1940, la joven de treinta años que parecía destinada a una vida cómoda y tranquila, entró en contacto con la red de la Resistencia. Primero, como enlace entre los escritores residentes en la zona sur, principalmente Jo Bousquet, François Mauriac, Clara Malraux, Louis Aragon y Julien Benda. En 1942 entró en el Ejército Secreto[17] bajo el nombre clave de *Hélène*.

Una declaración jurada de Claude Cartier-Bresson, antiguo adjunto al comandante de las FFI de la región de Toulouse, firmada probablemente al final de la guerra y registrada el 9 de marzo de 1951, da la medida de su acción durante la Resistencia. La copiamos en su totalidad:

«Efectivamente, Odette Elina sirvió en las Fuerzas francesas del interior.[18] Del 1 del 3 del 43 al 1 del 10 del 43 en calidad de responsable de la Segunda Sección del AS, R4.[19]

»Del 1 del 10 del 43 hasta el 20 del 4 del 44 en calidad de Secretaria regional para el AS y las formaciones del CFLN.[20] Durante su presencia en la Segunda Sección, Odette Elina elaboró todos los planos y mapas necesarios para la destrucción de los campos y fábricas de aviación y para el sabotaje de las comunicaciones enemigas.

»Del 1 del 10 del 43 hasta el 20 del 4 del 44, fecha de su arresto, Odette Elina asumió el secretariado del AS, los maquis, la recepción y distribución de armas y la difusión de información permanente, permitiendo coordinar la acción paramilitar.

»El 18 del 4 del 44, Odette Elina, ascendida a teniente el 1 del 4 del 44, se desplazó a París para entregar un informe de actividades emitido por el estado mayor regional. Durante el curso de esta misión, en la que debe contactar con un miembro del estado mayor de las FFI, tiene lugar su arresto por la Gestapo».[21]

«Elina, Odette. Patriota y resistente de primera hora. Se entregó completamente a la lucha contra el invasor a través de todos los medios posibles. Dio numerosas pruebas de coraje, tanto antes de su arresto por el enemigo como durante su deportación», declara el Ministro del Ejército en su cita del 11 de agosto de 1946.[22]

Como casi todos los resistentes que se exponían al riesgo debido a sus importantes acciones, Odette Elina pagó un duro tributo: fue denunciada y, seguidamente, deportada como judía y resistente. Sus padres y su hermano Jean-Max, quien entonces tenía veinticinco años, padecieron este destino unos siete meses antes que ella.

Su familia fue arrestada a consecuencia de una delación. Un documento del Servicio de Seguridad, tomado de la sede central de la Gestapo de Toulouse se conserva en el Museo de la Resistencia y de la Deportación, la Ciudadela, en Besançon. Su traducción del alemán pone en claro las circunstancias del arresto de la familia Elina. Está fechado el 2 de octubre de 1943: «Hace algunos días, un francés que no ha querido ser mencionado me puso al corriente de los hechos siguientes: el judío Elina, domiciliado en Sainte-Anne, en Fiac, cerca de Albi, sostiene activamente las acciones contra los alemanes en la población francesa. Se sospecha que esta familia realiza actividades contra la Ocupación, y oculta en una habitación camuflada fusiles y ametralladoras. El edificio habría sido provisto de algunos escondites mediante trabajos realizados discretamente por obreros extranjeros, desconocidos en la región.

Sobre todo, la familia es acusada de acoger y esconder a otros judíos, así como de ser refractaria al STO».[23] El informe concluye con una estimación de la «fortuna del judío Elina» y la demanda de «proceder a un registro».

Los padres y el hermano de Odette Elina, internados en un primer momento en la prisión militar de Toulouse, son transferidos a Drancy y luego deportados a Auschwitz. Ninguno de ellos regresará.

Hélène escapó al arresto del que fue víctima su familia gracias al cura de Viterbe, quien la previno. Durante dos días, antes de reanudar sus actividades, se escondió en el Lemosín. Dos veces llevó a cabo en París misiones para el estado mayor del Ejército Secreto. La tercera, fue denunciada.

Odette Elina fue arrestada el 20 de abril de 1944. Interrogada por la Gestapo en la cancillería del Reich, fue sometida a torturas y encerrada en un calabozo. «Transferida muy rápido a Drancy, fue deportada el 29 del 4 del 44 a la Alta Silesia, al Campo de Birkenau, sin haber dado a la Gestapo informaciones concernientes a las actividades de las FFI, de las cuales formaba parte.»[24]

El Museo de la Ciudadela conserva un mensaje lanzado desde el tren por Odette en el momento de su deportación. Fue recogido por un empleado ferroviario y remitido a su destinatario, Claude Cartier: «29.4.44. Salgo para un viaje muy largo; con la firme resolución de aguantar. Di a los amigos que, como ellos mismos, 'aguardo mañanas que canten'. Espérame. Hasta pronto. Princesa. Se ruega a un alma caritativa entregar este papel a...».

Odette Elina, bajo el nombre de Odette Dreyfus, salió de Drancy en el convoy número 72. Según Serge Klarsfeld, éste «estaba formado por 1.004 judíos, de los cuales 398 eran hombres, 600 mujeres y 174 niños... En 1945 quedaban treinta y siete supervivientes, de los que veinticinco eran mujeres».[25]

Liberada por los rusos el 27 de enero de 1945, fue repatriada a Marsella vía Odessa el 10 de mayo de 1945. Enferma y muy débil, frecuentó durante dos años clínicas y hospitales. En febrero de 1958, conmemorando la liberación, escribió el siguiente texto, titulado «Birkenau, 27 de enero de 1945», en *Le Patriote Résistant*: «A principios de febrero nos anunciaron que unas carretas vendrían a buscarnos para llevarnos a Auschwitz. Una mañana, nos hicieron salir del *Block*. Una gran carreta polaca a la que estaba enganchado un caballo nos esperaba (…). Subí y me senté al lado del cochero polaco. Nuestra carreta se puso en marcha sobre la *Lagerstrasse* desierta. Creo que sólo en ese momento me di cuenta de que éramos libres. Entonces me asaltó un deseo irresistible, el de conducir yo misma la carreta. Como el campesino polaco se había detenido para liar un cigarrillo, cogí las riendas, que él me cedió con gusto. Para mí, no era una carreta chirriante la que conducía a través del campo, era el carro de la victoria sobre el campo de batalla».

Desde que volvió de la deportación, su propósito fue dar testimonio. Era miembro de la Oficina Nacional de la Federación de Deportados, internados, resistentes y patriotas. También pertenecía a la Asociación de deportados e internados de la Resistencia, donde Geneviève Antonioz de Gaulle sería su madrina. De 1957 a 1967 ejerció como secretaria francesa del Comité Internacional de Auschwitz.

Casada con Jean-Louis Gruffy, también antiguo resistente, realizó con él múltiples entrevistas filmadas, y escribió un texto para el teatro: *L'Appel d'Auschwitz* (La llamada de Auschwitz), posteriormente llevado a la escena. Escribió el discurso que conmemoraba el vigésimo quinto aniversario de la liberación de los Campos. Coleccionó incontables fotografías de la deportación.[26]

Sin embargo, *Sin flores ni coronas* sigue otro camino. Impresiona por su aire pudoroso, discreto. Ni una mención a sus actos gloriosos.

Odette Elina Gruffy falleció el 29 de mayo de 1991. La revista *Le Patriote Résistant*, un artículo en el *Nice-Matin*, con un breve resumen de su vida, y el diario *L'Humanité* del uno de julio de 1991 rindieron homenaje a esta «veterana del Partido comunista francés».

SYLVIE JEDYNAK
(*con la colaboración de Vincent Lacoste*)

NOTAS

En el «montaje» final de *Sin flores ni coronas*, Odette Elina alteró el orden cronológico de algunos de sus pasajes. Como habrá apreciado el lector, hemos respetado esta decisión. (*Nota del editor español*)

[1] Designa el campamento de los barracones.
[2] «Izquierda, izquierda.»
[3] Campo, en alemán.
[4] Término alemán que por lo general se traduce como «sector» (*polizeirevier* significa comisaría). En este contexto, hace referencia al hospital del campo de concentración.
[5] Término probablemente deformado por la autora. *Weberei* significa en alemán telar o tejeduría.
[6] Término «polaquizado» para llamar a la responsable del *Block*.
[7] «Reemplazo.»
[8] Cuando alguien alcanzaba un nivel muy avanzado de delgadez era llamado «musulmán». (*Nota de la autora*)
[9] Se refiere a los lavabos.

[10] Término popular para nombrar una taberna.

[11] En noviembre de 2002 se estrenaba la primera película de ficción del documentalista norteamericano Frederick Wiseman, *La última carta*, adaptación del capítulo dieciocho del libro *Vida y destino*, de Vasili Grossman. Antes del rodaje de la película, Frederick Wiseman había llevado al teatro su adaptación, protagonizada por la misma actriz.

[12] El espectáculo *Sans fleurs ni couronnes* fue creado para el Festival de Aviñón *off*, en los talleres de Amphoux, en julio de 2003, con Sylvie Jedynak dirigida por Vincent Lacoste.

[13] En particular, los libros de Nadine Hefftler, *Si tu t'en sors... Auschwitz, 1944-1945* (La Découverte, 1992), y de Margarete Buber-Neuman, *Milena* (Le Seuil, 1986).

[14] Dichos dibujos aparecen igualmente en la edición de Mille et une nuits a partir de la cual hemos realizado la nuestra. Para ésta hemos decidido publicar tan sólo una selección, los más destacables a nuestro parecer. (*Nota del editor español*)

[15] Tomado de la primera edición de *Sin flores ni coronas*, J. F. Boulet, 1947.

[16] Archivos de Auschwitz y Katarzyna Murawaska-Muthesius, «Oscar Hansen, Henry Moore and the Auschwitz Memorial Debates in Poland, 1958-1959», en Charlotte Benton ed., *Figuration/Abstraction: Strategies for Public Sculptures in Europe 1945-1968*, Ashgate, en asociación con el Henry Moore Institute, 2004, pp. 193-211.

17 El Ejército Secreto, creado precisamente ese año, en 1942, resultó de la suma de distintos grupos de la Resistencia francesa. (*Nota del editor español*)

18 Sumando esfuerzos, el Ejército Secreto se uniría a otras fuerzas de la lucha clandestina contra los alemanes, como la Organización de resistencia del ejército francés o los Francotiradores y partisanos franceses, para formar las llamadas Fuerzas francesas del interior (FFI). (*Nota del editor español*)

19 En el Ejército Secreto [en francés *Armée Secrète* (AS)], la región del sudeste tenía como clave R4.

20 El Comité francés de liberación nacional había sido creado en junio de 1943, en Argel, por Charles de Gaulle y Henri Giraud, tras el desembarco americano en África del Norte.

21 Documento conservado en el Museo de la Resistencia Nacional, Champigny-sur-Marne.

22 Disposición número 3781, confirmada en París, en junio. Comportaba «la concesión de la Cruz de Guerra», a la que se añadirá, el 2 de julio de 1968, la atribución, firmada por Charles de Gaulle, de «la Cruz de Guerra con Palma»: Estas condecoraciones serán completadas con un decreto del presidente de la República por el cual Odette Elina es ascendida al grado de oficial de la Orden nacional de la Legión de Honor, con fecha 9 de julio de 1976.

23 Servicio de trabajo obligatorio. Creado por el gobierno de Vichy y las fuerzas alemanas de ocupación. Se cree que

fueron «reclutados» unos seis millones de franceses. Por lo general, este *servicio* desplazaba a los trabajadores franceses hasta Alemania u otros puntos de Europa para colaborar con la industria de guerra nazi en fábricas o construir fortificaciones, carreteras, viaductos, etcétera. (*Nota del editor español*)

[24] Último párrafo de la declaración de Claude Cartier-Bresson.

[25] Beate y Serge Klarsfeld, *Le Mémorial de la déportation des juifs de France*, 1978, y www.yadvashem.org.

[26] Estas fotografías se conservan en el Museo de la Resistencia Nacional, Champigny-sur-Marne.

ÍNDICE

Palabras preliminares de Odette Elina, 7
Sin flores ni coronas, 13
Postfacio de Sylvie Jedynak, 107
Notas, 129